오늘, 수고했어요

이 도서의 국립중앙도서관 출판시도서목록(CIP)은 서지정보유통지원시스템 홈페이지(http://seoji.nl.go.kr)와
국가자료공동목록시스템(http://www.nl.go.kr/kolisnet)에서 이용하실 수 있습니다.(CIP제어번호: CIP2013017393)

토닥토닥 그림편지 2

오늘, 수고했어요

붓으로 전하는 행복, 이수동의 따뜻한 그림 에세이

이수동 글·그림

아트북스

프롤로그

단비를 꿈꾸며

　내 이름으로 된 책이 나오다니…….
　언젠가는 책을 한번 내보리라 생각하며 젊은 시절 모아놓은 글이 있긴 했다. 정작 그 글들은 책상 서랍을 전전하다 결국 두꺼운 봉투에 담겨 벽장 깊은 곳에서 먼지와 함께 조용히 잠들어 있다.
　그저 가시 돋은 고슴도치 같고 철없는 여름처럼 뜨겁기만 한 그 글들은, 오히려 책에 대한 내 욕심을 접게 했다. 내가 읽어보아도 피곤하고 억지스러운 글이었으니 말이다.

　많은 시간이 흘러 행동은 물론 생각마저 모서리가 깎이고 또 깎인 몽돌이 되고, 바닷물이 드나들 때마다 노래 불러줄 줄 아는 쉰이 넘은 나이에, 문득 책에 대한 갈증이 다시 생겼다. 그리고 드디어 내 이름이 붙은 책 하나가 나왔다, 감격스럽게도…….
　그 책이 바로 『토닥토닥 그림편지』다.

프롤로그　　단비를 꿈꾸며　_004

1장　쉼표 하나

구름 위에서 조금만 더 기다리세요　_012
구름 위에서 한잔　_014
거울아, 거울아, 이 세상에서 누가 제일 행복하니?　_016
나는 꽃이랍니다　_018
이 춘풍　_020
휘영청 달 밝은 밤에 그대 오시니　_022
흩날리다　_024
편지　_026
선물　_028
햇살 좋은 날, 나는 당신의 의자입니다　_030
월화수　_032
가을 연가　_034
그 여름날　_038
낭만 이씨　_040
우리는 꽃 위에서 춤춘다　_042
너도 쉬고 나도 쉬고　_044
마중　_048
우리 집　_050
바다　_052
연중희락　_056
일상다반사 1　_058

　위로 받고 싶은 청춘의 마음에 닿은 것일까? 토닥토닥 어깨를 두드려주고자 그린 그림을 글로 풀어 쓴 책이, 3년이 다 되어가는 지금 14쇄 중이란다. 놀랍고 기쁘기 그지없는 일이다.

　시간은 참 빨리 흘러간다. 위로 받고 싶던 시절이 엊그제 같더니 이제는 위로해줄 나이가 되었더라. 시간은 흐르지만 어찌 보면 직선으로 지나가버리는 것이 아니라 원형으로 순환되는 것이 아닐는지. 시냇물이 강을 이룬 뒤 다시 바다로 흘러들고, 그 바다는 수많은 수증기로 비구름을 만들어 다시 시냇물에 돌려주듯 말이다.

　나는 이제 바다쯤 온 것일까? 그렇다면 비를 뿌려 줄 차례가 아닌가.
　나의 부지런한 상상이 수증기가 되고 그림과 글은 비구름 되어 시냇물 같은 청춘들에게 단비로 뿌려지길 간절히 바라면서,『토닥토닥 그림편지』다음 이야기『오늘, 수고했어요』를 조심스레 꺼내본다.

2013년 가을
이수동

2장 ___ 인생의 회전목마

여행 _062
남자 _064
바람이 분다 _066
그 꽃 _068
어서 오세요 _070
깐깐 최 교수 _072
인생선유 _074
제조업은 꽃피운다 _076
내가 간다 _080
어제 과음한 이 과장 _082
달과 6빤스 _084
힘센 후 웃자 _086
마음으로 전하는 편지 _088
겨울 일기 _090
내 이름 석 자 _092
섬은 없다 _094
초대 _096
겨울 여행 _100
이야기가 길다 _102
가을이 깊다 _104

일상다반사 2 _106

3장 ___ 그대라는 이름의 선물

먼저, 이 꽃부터 받으세요 _110
소야곡 _112
그녀가 온다 _114

눈부신 날 _116
그리움 _118
그대, 어서 오세요 _120
실내에서 이는 바람 _122
내 사랑을 전해다오 _124
달을 더 빌려오다 _126
하늘 아래 우리 둘이 _128
사랑 _130
사랑이 만드는 천 가지 이야기 _134
높은 사랑 _136
내 사랑 _138
높은 곳에서 꽃 피우다 _140
청혼 _142
화목토 _144
연리지 _146
꽃 피워놓고 기다리다 _150
감사합니다 _152

일상다반사 3 _154

4장 아름다운 날들

소원 의자 _158
우리, 꽃길 _160
이야기꽃 피다 _162
우리는 늘 봄 _166
뱃놀이 갑시다 _168
일어나세요 _170
아름다운 날들 _174
내 마음의 보석상자 _176

시인의 마을에 봄이 오는 소리 _178
그대 오시는 날 _180
하늘에서 꽃이 피다 _182
보물선 _184
봄으로의 초대 _186
피워올리다 _188
꿈 익는 마을 _190
12월에 5월을 바치다 _192
승진 _196
나들이 _198
합격통지서 _200
인생은 아름다워 _202
일상다반사 4 _204

또 하나의 선물   산토리니

산토리니에 관한 작은 이야기 _208
정오 _212
오늘도 _214
연서 _216
첫사랑 _220
TU SOLO TU _222

에필로그   두 번째 그림편지를 마무리하며 _224
그림 다시보기 _226

무거운 몸과 마음을 비우고 쉰다는 게
어디 쉽습니까?
하지만 비우지 않고는
새로운 것들을 들여놓을 수 없습니다.
쉰다는 것……
그것은 앞으로의 멋진 일과 멋진 사람을 맞을,
'아주 즐거운 준비'의 다른 말입니다.

그러니, 비우시지요.

1장

쉼표 하나

구름 위에서
조금만 더 기다리세요

그대,
구름 위에서 조금만 더 기다리세요.
나의 초대에 그렇게 일찍 화답해줄 줄은 몰랐습니다.
서두르긴 했으나 그대 위한 비단 천,
아직 강변에 다 깔지 못했습니다.
구름 위에서 조금만 더 기다렸다가
천천히 내려오세요.

구름 위에서 한잔

그동안 수고 많았어요.
당신도 나도……
우리, 자주는 아니어도
이렇게 맑은 날,
구름 위에서 가끔
한잔씩 합시다.
차도 좋고 술이면 더 좋고.

거울아 거울아,
이 세상에서 누가 제일 행복하니?

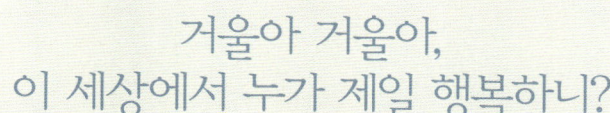

"거울아, 거울아,
이 세상에서 누가 제일 행복하니?"
하고 묻습니다.
거울은 한 치의 망설임도 없이 대답합니다.
"바로 당신입니다."

나는 꽃이랍니다

나는 꽃이랍니다.
매일 아침
그대의 창가 화분에서 피어나는,
아침 햇살과 그대 사랑 먹고사는,
나는 꽃이랍니다.

이 춘풍

이 봄바람을 어찌할 거나?
나름 수양했다는 수양버들도
저리 흔들리는데,
대충 산 나야……

　　　　　　당연히 못 참고 달려야지.

휘영청 달 밝은 밤에
그대 오시니……

그대 오신다는 소식에
한 달 걸려 만든 구름 양탄자에
미리 꽃씨도 뿌려놓았지요.
보낼 테니 이것 타고 오세요.
달빛 좋은 오늘 오시면
딱 좋겠습니다.
**우리 처음 만난 그 들판에
미리 가서 기다리겠습니다.**

흩날리다

가슴 쓰리게,
그녀의 머리칼은 왜 흩날리지?
바람 타고 다시 날아가려나?
꽃을 닮아서 그런가?
늘 바라보고 있는 내 마음은
아는지 몰라.

편지

깊고 깊은 가을밤만큼이나
긴 편지를 받았습니다.
그녀의 편지입니다.
고민할 필요도 없이 짐을 쌌지요.
허겁지겁 돌아가는 길,
집으로 가는 길.
그녀가 먼저 마중을 나와 있습니다.
아~ 꽃피는 가을입니다.

선물

바람 따라 가는 그대에게
선물 하나 드리겠습니다.

구름 한 점.

높은 곳에서 자유로우라는
나의 응원입니다.

햇살 좋은 날,
나는 당신의 의자입니다

햇살 좋은 날,
일상의 무게를 내려놓고
잠시 쉬고 싶을 때,
나는 당신의 의자가 되겠습니다.
값비싼 의자는 아니지만
늘 당신 곁에 있는 그런 의자……

月花水

그녀가 노래를 부르면
달은 꽃비를 내려줍니다.
그녀를 오랫동안 지켜봐온 달입니다.
그녀가 밤에 찾아와
구슬프게 노래하는 이유를 잘 알기에
달은 오늘도 비를 내려줍니다.
토닥토닥 위로의 꽃비,
月花水입니다.

가을 연가

나는 나무.
민감한 나무입니다.
그래서 일 년에 네 번이나 변합니다.
하지만 떠나지 않고 늘 그 자리.
무수한 바람이 나를 스치지만
언제나 그 자리.
난들 바람 따라 휙 떠나고 싶은 적이
왜 없었겠습니까?
그래도 나는 당신이 보고 있는 한
나무.
지금은 그대만을 그리워하는
깊은 가을 나무입니다.

그 여름날

그 아름다운 여름을 기억합니다.
멀리서 걸어오는 그대의 모습은
붉은 장미에 안개꽃 더한 것 같았지요.
내 손에 든 장미가 초라해 보일 정도로.

자작나무 작은 숲 벤치에 앉아
시간 가는 줄 몰랐던 그 여름날.
하늘이라는 파란 스크린에서
춤추듯 노래하는 구름도 예술이었지요.

보석같이 반짝이던 잔잔한 물결은
또 어땠나요?

이제 아이들은 다 자랐고
우리는 중년이라 불리는 나이가 되었군요.
다시 그 여름날을 기억해봅니다.
아무 말 말고 내일,
거기 한번 가봅시다.

그때처럼 붉은 원피스에
하얀 볼레로 걸치고 흰 꽃무늬 양산 쓰고……

낭만 李씨

눈 폭탄이 와도
즐겁게, 그리고 낭만적으로
집 앞 눈을 치우시던 아버지.
원하시는 대로는 되지 않았지만,
세 아들을 꽃처럼 키우고 싶었던
가난했던 아버지.
그 낭만 아버지를 가장 많이 닮은……
나.

우리는
꽃 위에서 춤춘다

어머니, 수고 많으셨습니다.
당신, 늘 고마워요.
두 딸, 사랑한다.

남들은 모르겠습니다.
눈밭에서 추워 몸 사릴지언정,
우리는 꽃 위에서
춤춥니다.

너도 쉬고
나도 쉬고

일요일, 가정에 도움이 된다는 뜻의 '홈 거시기'에 갔다.
여름은 반바지 입기 딱 좋은 계절, 발목 양말을 샀다.
세 개 묶음이 더 싸君(싸君, 미안)
화실에 가져와 묶음을 풀고 나니 남는 플라스틱 조각 하나.
어! 모양 봐라?
재미있어 버리지 않고 놔두었다.

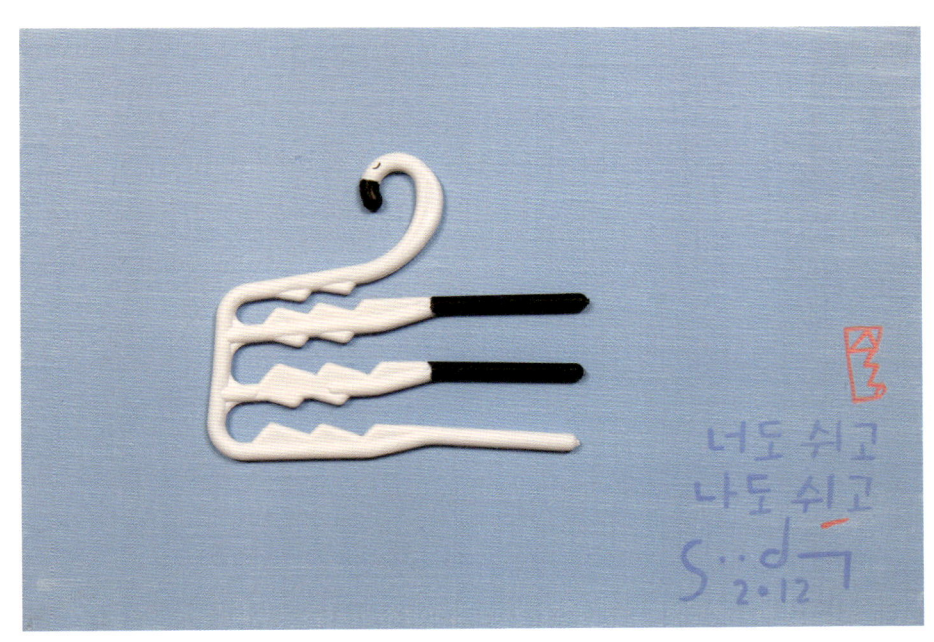

그림 그리기 싫은 오늘.
문득 고누를 꺼내 깨작깨작 장난을 치니……
호수에서 새으로새 좋고 있는 백조 같다.
그래~
너도 쉬고 나도 쉬고.

마중

마음을 다치고 세상을 등진 사람들끼리
마을을 이루어 살고 있습니다.
첩첩산중 깊은 곳에서 말입니다.
　　　　　사람의 마음이 간사하여
　　　　　두고 온 인연들,
　　　　　어찌 한 줌의 미련도 없겠습니까.
깊은 겨울밤, 참지 못하고
서신, 보냈습니다.

아무도 모르게 마을 어귀 한참 밖으로
마중 갑니다.
        얼굴만 보고 가더라도 이해해주세요.
        먼 길 와주셔서 고맙습니다.
그리고 선물로 주신 장갑과 목도리,
정말…… 고맙습니다.

우리 집

그저 행복한 우리 집.
들에는 꽃들이 만발하고,
그대와 나의 즐거운 이야기는
날개를 달고
하늘로 이어집니다.
밤낮 없이 그렇습니다.

바다

이런저런 일로 마음 울적한 날이면 동해로 가시길.
추천하건데, 강릉 안목 해수욕장 쪽으로 가서
바리스타들이 운영하는 카페에서
에스프레소 천천히 한잔하시고……
에메랄드 빛 바다,
하얗게 부서지는 파도 소리,
보고 들으며 심호흡 몇 번 하고,
"내가 제일 잘 나가"를 열두 번 외치고 오세요.
부끄러우면 속으로 외쳐봐도 좋습니다.
그러면 12주 동안은 정말 그렇게 될 겁니다.
그 후는?
음…… 또 가세요.
계절이 바뀔 때마다 다녀오란 말이지요.

年中喜樂

우리는 일 년 내내 즐겁습니다.
아름다운 그대와
보석 같은 아이가 있어서 그렇습니다.
그대와 내가 나누는 사랑의 말들은
열두 달 가지마다 사랑 꽃을
하나둘 피워올립니다.

어느덧,
온 천지가 꽃향기로 가득합니다.
다시 한 번 자랑하겠습니다.
우리는 일 년 내내 기쁘고 즐겁습니다.
　　　　　　　　　　그대, 사랑합니다.

일상다반사 1

나는 무엇으로 이루어졌나?

학창 시절 외웠던, 황인철(황, 인, 철)이 칼 두 자루(칼슘, 칼륨)를 마구(마그네슘) 휘둘러, 소 네 마리(산소, 탄소, 질소, 또 뭐지? 수소?)를 잡았다는 그런 거 말고 말이다.

음…… 하루 두 끼의 식사, 가족들의 응원, 충분한 잠, 간혹 있는 술자리와 지속적인 비타민 섭취, 일한 뒤의 짧은 여행, 친구들과의 즐거운 대화, 가뭄에 콩 나듯 한 독서, 당구 같은 잡기…… 그리고 당연히 그림. 거기에 내 그림을 사랑해주는 많은 사람들의 박수로 구성되었지 싶다.

더 많은 것들이 나를 만들어왔겠지만 세월은 내가 감당할 수 있는 것들만 추려서, 내가 움직이기 용이한 것들로 하나둘 자리 잡게 만들었을 것이다.

먼 길을 떠날 때 무수한 준비물들이 쌓여가겠지만 정작 요긴한 것은 몇 안 된다.

물, 간단한 식사, 책 한 권, 튼튼한 두 다리…… 여기에 굳이 더하자면 즐거운 상상?

인생도 그러해서 필요한 것들의 수가 점점 줄어들더라.

내가 오늘까지 오면서 버린 것들은 춤, 속도, 억지, 폭음, 객기, 언쟁, 방황, 분노, 변명…… 가난도 그중 하나일 테고. 물론 이러한 것들이 온전히 다 빠져 나갔겠느냐마는…….

내 몸과 잘 어울려 지금까지 남아 있는 건 처음 열거한 그러한 것들이다. 그중에서 제일 나를 나답게 하는 건 바로 내 그림을 향한 많은 사람들의 박수. 고래도 춤추게 한다는 그것. 나는 그 맛을 안다. 그리고 그 힘도 알지.

앞으로의 새털같이 많은 날들, 가족을 제외하고 버릴 것이 또 생겨날 것이다.

하지만 끝까지 남아 있게 될 것들은,

내 그림을 사랑해주는 많은 사람들의 응원과 박수.

그리고 그것에 보답해야 할 나의,

그림에 대한 열정이 되지 않을까 싶다.

응원과 박수 소리를 들으며 뚜벅뚜벅 걸어가는 예술가의 길…… 멋지지 않은가?

인생이란 길이 미리 정해져 있다면,
누가 끝까지 가보려 할까?
먼저 가본 사람 이야기만 들으면 될 일.
내일 무슨 일이 생길지,
내일의 나는 또 어떻게 변할지……
오늘, 이 어두운 밤에도 단꿈하게
잠들 수 있는 건 바로,
내일이라는 미지에 대한
기대 혹은, 유혹.

2장

인생의 회전목마

女行

머리칼 날리며 달아나는 그녀를
붙잡지 마라.
설령 앞질러 달려 그녀의 어깨를 잡아 돌려 세운다 한들,
그녀는 이미 네가 아는 그녀가 아니다.
그러니 박수는 못 치겠지만
지금까지의 정을 생각해서라도
쓴웃음 한번 짓고 마라.
달아나는 동안 혹여,
한 번이라도 이쪽을 쳐다보게 말이다.
그녀가 간다.
그녀는…… 시간이다.

男子

희미하지만 수평선 너머로
金나라의 기운을 느낄 수 있습니다.
銀나라 남자는,
일주일 낮과 일주일 밤을 생각합니다.
그리고 오늘,
작은 배 하나 타고 노 저어갑니다.
생각은 길게,
하지만 실천은 바로 해야

男子.

바람이 분다

바람이 불면 안쓰럽게 버티지 말고,
바람의 무게만큼 밀려나라.
      힘주어 버티면 쓴 힘의 양만큼
      미움만 쌓인다.
      그동안의 꽃 같은 정이라도
      안고 가고 싶으면,
              바람에 몸을 맡기고 날아가라.

그 꽃

도도한 그 꽃은
고개를 똑바로 든 채,
구름마저 뚫고 자란다.

보석상자 실은 구름도,
애잔한 사랑이 기다리는 구름도
뚫고……
태양마저 꼬리 내리는 열정.

그 꽃에게 박수.

어서 오세요

어서 오세요. 기다리고 있었습니다.
여기 앉으시고 차 한잔 드릴 테니
눈물 닦고 내 이야기 한번 들어볼래요?
   눈물로 얻고자 하는 게 있다면 직접 울지 마세요.
   하나를 얻을 때마다 처음엔 눈물 한 종지.
   나중엔 한 바가지……
열을 우는 동안 그 양은 더해갈 것이고
그대의 몸은 나날이 쇠약해질 것입니다.
그러지 마시고 아무도 없는 곳에서 안으로 우세요.
   삭히며 참는 그 열기 어느덧 하늘로 올라
   구름이 되고, 마침내 그대 눈물 대신하는 비가 되어
   온 대지와 사람들을 적시게 될 겁니다.
     속으로 한 번 울었을 뿐인데 말입니다.
     그대, 이제부터 직접 울지 마세요.

깐깐 최 교수

최 교수는 늘 확신에 차 있습니다.
박식하고 달변가라
어느 토론에서도 진 적이 없지요.
빳빳한 저 목을 보세요.
자신감 넘치는 깐깐 최 교수에게
일단 경의.
단 하나 아쉬운 것은,
친구가 없다는 것입니다.
이겨야 할 경쟁자와
극복해야 할 난제만 있을 뿐이지요.
아!
나의 어제와 같습니다.
나의 어제는 이미 까마득한
과거……입니다만.

인생선유

인생은 어쩌면 뱃놀이와
많이 닮았습니다.
격랑……
당연히 있었지요.

지금은 다시 자리로 돌아와 조용히
저 자작나무 이파리보다 많을
그간의 이야기를
서로 들려줄 때.

제조업은 꽃피운다

긴 한숨 쉬며 요즘 제조업이 힘들다고 친구가 말했다.
제조업…… 공장…… 문득 떠오른 어린 시절의 기억.
그 기억 속에 있는 공장이란 밥과 놀이터.
그때 공장 굴뚝의 연기는 밥 짓는 연기와 통해 있었다.
가족을 위해 큰형은 아버지를 거들고자
일찍부터 공장에 다녔다(미안하고 고맙습니다).
아랑곳하지 않고 철없던 어린 나와 내 또래들은
공장 옆 빈 공터에서 즐겁게 공놀이하며 하루하루를 보냈었지.
친구의 제조업에 격려의 박수,
추억 속 굴뚝 연기에도 감사의 박수.

내가 간다

그대가 사는 성.
하지만 바다에 둘러싸인 섬.
기다려라 내가 간다.
나의 작은 배에 오르고 말고는
그대의 선택이나,
배만 보지 말고
육지의 드넓은 들과
무수한 꽃들을 상상하라.

어제 과음한 이 과장

박 사장,
최 전무,
강 상무,
한 부장,
정 차장,
이 과장 이하
모두들……
올해는 술을 조금만 줄입시다.
예?!

달과 6빤스

고갱을 소재로 한 소설,
『달과 6펜스』.
결국 달은 예술이자 숭고한 가치,
6펜스는 세속……
문득 떠오른 즐거운 생각,
못 참고 '패러디' 했다.
6펜스나 6빤스나 거기서 거기.
즐겁지 아니한가?
하하하.

힘센 후 웃자

미리 웃지 말자.
더러 간사하거나 비굴해 보일 수도 있다.
그 웃음 값지게
힘센 후 웃자.

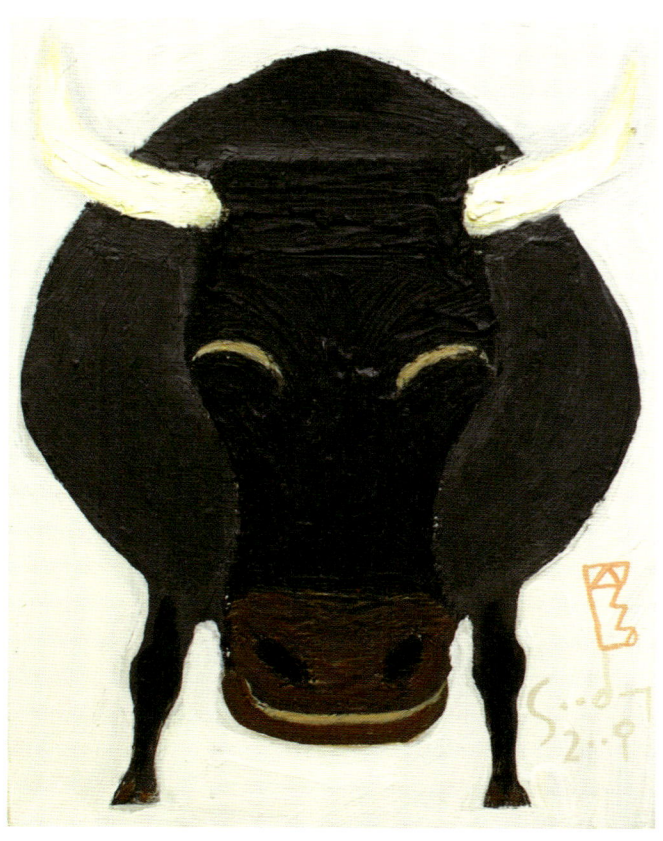

마음으로 전하는 편지

十分心思一分語……
마음에 있는 열 가지 생각,
겨우 한 가지밖에 표현하지 못하지.
그 타는 마음,
편지에 빼곡히 적어
오늘 그대를 만난다.
그리고 손만 잡고 아무 말도 못하고
저렇게 오래도록 있다.
구름만큼이나 많은 이야기……
보다 못해 휘영청 밝은 달이 대신
하얀 눈밭에 두 마음 비춰준다.

겨울 日記

술잔을 집어던지며 벽을 향해 고함지르던 나를,
취한 채 엎드려 울다 자는 나를,
사람 없는 겨울밤 거리를 헤매는 나를……
본 적이 있는가?

잊어라.
그 사람은 내가 아니다.
　　　나의 영혼은 한 번도
　　　나의 화실을 떠나본 적이 없다.
　　　그대가 본 건 아마도
　　　나의 탈을 쓴 껍데기였을 것이다.

내 이름 석 자

오늘,
떠오르는 태양을 마주하고서
내 이름 석 자 크게 외칩니다.
한 번,
두 번,
세 번.
지금 외친 그 이름은
앞으로 사랑 앞에서 말을 더듬거나
숨어서 가슴 졸이는 일도 없을 겁니다.
그리고 어떤 고민이 생겨도,
이리저리 재거나 여기저기 물어보지 않고
스스로 결단을 내릴 겁니다.
저 태양을 삼킨 사람처럼 살 겁니다.
나는 이제, 어제의 내가 아닙니다.

섬은 없다

사람들 사이에도 섬이 있다.
보일 듯 말 듯 아슬한 거리의 섬은
더 가슴이 아프다.
못나게 세월만,
혹은 상대만 탓할 텐가?

남자가 먼저 배를 타고
그녀를 향해 노 저어간다.
정녕 인연일까?
그녀 역시 그 시간 바닷가로 나가고 있다.
사랑만이 섬을 없앤다.
그들 사이에 섬은 이제 없다.

초대

우리 딸, 백설공주는 아니어도
연미복 멋지게 차려입고 노래하는
일곱 명 청년들에게 초대받는 꿈,
꾸어본다.

영원한 사랑은 존재하기 힘들지만
사랑 자체는 영원하다는 걸 안다.
계절이 순환하듯이 이어지면서……

우리의 사랑은 이제
가을날 갈대처럼 추억하는 시간이 되었다.
딸에게 그 자리를 내어줄 시간.

사랑하는 딸에겐 막 봄이 시작되었다.
들뜨고 향기로운 봄을 만끽하고
뜨겁고 긴 여름을 행복하게 지낸 후,
지금의 우리처럼 가을이 되었을 때
우리보다 더 아름다운 詩를 쓰게 되면 좋겠다.

부디, 향기 잃지 말고 자신 있게
세상의 초대에 당당하게 나서거라.

겨울 여행

심장에 미세한 균열이 하나, 둘 보태져
한동안 통증이 오더니
기어이 툭 터졌다……
밤을 하얗게 지샌 후,
터져버린 심장은 내려놓고
다시 바다를 찾았다.
그녀가 없어도 격하게 반겨주는 바다,
그 바다와 길게 한잔했다.

이야기가
길다

『아라비안나이트』
이야기가 끝나면 죽을 운명인 여자는
그래서 하루에 하나씩
이야기를 이어갑니다, 천 일 동안.
'천일야화'라는 그 긴 이야기.

그 이야기보다 더 긴 그녀의 이야기

이야기는 바다를 만들 만큼
길고, 또 깊니다.

그녀의 이야기는 아직도 끝나지 않았습니다.

가을이 깊다

그녀의 가을은 깊다.
그 가을 너무 깊어, 이미 봄이 왔지만
여전히 거기에 있다.
손을 내밀어보았으나 소용이 없다.
한동안 그녀를 잊었다…….
시간, 참 의리 없는 것이 맞나 보다.
다시 가을이 되어 찾았을 때,
비로소 그녀가 활짝 웃는다.
그녀가 맞다.
가을만큼은 충분히 그녀의 것이다.

일상다반사 2

무명화가라 말하기도 좀 뭐했던 신혼 초의 젊은 시절, 우연히 피카소에 관련된 책을 한 권 읽었는데, 피카소가 정물화 한 점으로 프랑스 남부의 멋진 집을 한 채 샀다는 이야기가 나왔다.

결과적으로야 그 집 주인이 횡재한 것일 수도 있겠으나, 말이 되나?

이 꿈같은 이야기가 가당하기나 한가 말이다. 달랑 그림 한 점으로 집을 사다니…….

부러웠다. 피카소가 한없이 부러웠다.

그런데 나도 집을 샀다. 올해 처음 내 집을 샀다. 내 나이 쉰 중반인 올해에.

당연히 그림 한 점이 아니라 여태 그린 수백 점의 그림의 결과로.

신기하게도, 암울하던 날 젊은 시절 화실의 낡은 침대 한쪽에 새기듯 적어 놓은 낙서가 현실이 되고 있다.

그 침대는 이미 버려진 지 오래지만 기억 속에 또렷하게 남아 있는 낙서.

'그림으로 내가 원하는 바, 다 이루고 싶다.'

물론 갑갑한 당시의 희망이자 넋두리 같은 것이었다. 화가라면 누구나 꿈꾸던 그런.

초등학생 때 대부분의 장래희망이 대통령이고 과학자였듯 그저 막연한 바람 같던 낙서.

그런데 시간이 지나면서 가격표를 보지도 않고 책을 살 수 있게 되더니, 좋아라 하던 술값, 그림 도구들은 물론이고 화실 집기와 집세까지도 하나둘 해결되어갔다.

그림으로 말이다. 정확히는 그림 판 돈으로…… 가끔씩 낙서의 신통력(?)에 놀라고 있다.

그리고 그 낙서를 한 지 20년을 훌쩍 넘기고 30년이 다 되어가는 올해 드디어 집까지 사게 되었다. 이 순간은 피카소도 부럽지 않다. 그림이 한 점이었든 수백 점의 그림을 판 돈이었든 어쨌거나 그림으로 집을 샀다는 사실이 중요한 것 아닌가. 매일 아침, 즐거워하는 아내와 장성한 두 딸을 보고 있노라면 미안하고 뿌듯하다.

나는 지금 참 좋다. 그리고 행복하다.

음지와 양지가 서로 순환되듯 고난은 또 오겠지. 예상 못한 시기에 예상 못한 상황으로. 하지만 대충 이미 겪어보았고 거기에 맞는 처방 정도는 알 나이가 되었으니, 아마도 덜 다치고 잘 넘기며 살아가게 될 것이다. 그러니 미리 걱정은 않을 것이고 지금의 행복에 그냥 묻혀볼란다.

집은 샀으니 이제 차를 살 순서인 것 같다. 이 동네 입주한 사람들 중 차가 없는 집은 우리뿐인 듯하더라. 그것 역시 마법이 된 그 낙서처럼 되겠지…….

그대라는 이름의 선물

3장

한 사람의 삶에 다른 사람이 들어오는 일,
그 우연하고도 기적 같은 초대,
인연이라고도 하고 운명이라고도 하는
그 일,
설마 일상에 섞어놓진 않았지요?
그 만남은 당신이 잘한
유일한 일일 수도 있습니다.
매일매일 곱씹으며 고마워해도 모자랄
보석 같은 서로의 그대입니다.

먼저, 이 꽃부터 받으세요

그녀는 늘 여름에 삽니다.
못난 나는 겨울에 머물고 있지요.
그러나 오늘, 용기 내어 그대 찾아갑니다.
그대 좋아하는 장미꽃도 한 다발 샀습니다.
몇 날을 고쳐 쓴 편지도 품에 안고…….

잠시 내려와 먼저, 이 꽃부터 받으세요.
그리고 변명 같은 나의 옹졸한 편지는,
마음이 너그러워지는 촛불 아래서 읽어주세요.

소야곡

그대를 향한 사랑의 세레나데.
꽃향기에 취했듯,
나의 노래에도 취하길 바랍니다.
노래가 끝나면,
나의 가슴으로 훌쩍 뛰어내려
안기면 좋겠습니다.

그녀가 온다

그녀를 기다리느라
20년이 넘게 이사도 하지 않고 있습니다.
사연을 풍문으로 들은 그녀가
비록 세월을 얹은 중년이 되었지만

        오늘 용기를 냅니다.
        말로는 차마 못할 사연
        편지에 절절히
        담아놓았겠지요.

눈부신 날

나는 그동안 그대가
여인인 줄만 알고 살았는데,
꽃이었구나,
눈부신 꽃이었구나.

그리움

그리우면……
가야지.
눈 녹길 기다리지 말고 말이야.
그녀가 좋아하는 프리지아도
한 다발 사 들고 가야지.
그녀 닮은 저 달 따라
밤새 걸으면 도착하겠지.
아침에 그녀가 끓여줄 따뜻한 커피
한잔 생각하면,
즐거워 어디 잠이 오겠나?
밤새 걸어가보자.

그대,
어서 오세요

이십칠 년 키운 자작나무 숲,
그 기간만큼 다듬은 들,
일 년간 정성들인 수많은 꽃,
삼 개월 전에 부탁했던 붉은 소파,
그리고 지난주에 산 작은 선물……
모두 그대를 위한 것입니다.

그대, 어서 오세요.

室內에서 이는 바람

나는 알았습니다.
그대를 안 지 얼마 되지 않아 알았습니다.
치명적인 만남은 사실 서로를 알아봅니다.
그 지독한 사랑은 쉬이 멈추지 못하고,
서로에게 상처를 주면서
습관처럼 낡아갑니다.
그리고 어느덧,
사랑은 가고 지독함만 남습니다.
조용한 바람이 부는 어느 날,
누가 먼저랄 것도 없이
현관문을 살며시 열어놓습니다.
그나마 더 야속한 사람이……
먼저 문을 나서겠지요.

내 사랑을 전해다오

구름에게 부탁하노니……
나의 사랑 노래,
지금부터 귀담아 잘 들었다가
그녀가 다시 이 바다를 찾거든,
아직도 그리워하는 내 마음,
남김없이 전해다오.

달을
더 빌려오다

그녀가 온답니다.
그녀가 떠난 우리 마을은
마치 사막 같았습니다.
그 건조한 삶의 이야기……
하자면 끝도 없습니다.

오늘 드디어 그녀가 옵니다.
집집마다 불을 밝혀놓은 건
말할 것도 없고,
달도 몇 개 더 빌려놓았습니다.

하늘 아래 우리 둘이

우리는 서로 사랑합니다.
그대들이 상상하는 이상으로 사랑합니다.
그 사랑 너무 커서 오가는 사람들에게 더러 부딪히나 봅니다.
축하의 말, 시기의 말, 호기심의 말도
사랑의 크기만큼 늘어갑니다.
스치는 그런 말도 사랑의 일부가 되어 함께 커가지요.
낯설어질 정도로 사랑이 어색하게 커갑니다.

이제 그만!
조용히들 하시길.
처음 우리 만났던 그때처럼,
하늘 아래 우리 둘만 있고 싶습니다.
오늘처럼 달 밝은 밤이면 더 좋겠습니다.

······ 사랑

그녀가 묻습니다.
"힘들지 않아요?"
그가 되묻습니다.
"불편하지 않아? 조금만 참아, 다 와가."
두 사람은 그렇게 사랑합니다.
이제 행복이 뭔지 압니다.

봄이 되어 눈이 녹으면
천천히 손잡고 가도 됩니다.
하지만 두 사람에게는 그때까지 기다릴 수 없는
사연이 있습니다.
눈밭이어도 꼭 지금 가야 하는
긴 사연이.

사랑이 만드는 천 가지 이야기

연리지……
두 나무가 서로 아끼고 사랑하여
천 송이 꽃을 피웠습니다.
사랑은 참으로 변화무쌍하여
안타깝고 아프거나, 혹은 즐겁고 행복한
천 가지의 이야기를 만들어냅니다.
그러나 돌아보면 결국 다, 아름답습니다.
꽃처럼 아름답습니다.

높은 사랑

그들의 사랑은 다릅니다.
사실 많이 다르지요.
그들은 높습니다.
오늘 왔다가 내일 떠난다거나,
한 달, 혹은 일 년 뒤에 떠나는
그런 사랑 아닙니다.
어떤 사랑인가 하면,
음……이야기가 좀 깁니다.
하여튼,
높은 곳에서 꽃 피우는
그런 사랑입니다.

내 사랑

우리가 만나 한 해에 하나씩 피워올린
그대 닮은 꽃, 스물일곱 송이.
고맙습니다.
허황한 구름 잡는 나였지만
이제는 그 구름 타고
날아다닐 수도 있게 되었습니다.
다 그대가 꽃향기로
응원해준 덕분입니다.
당신은……
영원한 내 사랑입니다.

높은 곳에서
꽃 피우다

이왕 꽃 피울 거,
높은 곳에서 꽃 피우세요.
그 꽃향기 멀리 멀리 퍼지게.
백 리 떨어진 내가 미약하게나마
그 향기 맡게 되면,
그대가 잘 살고 있는 것으로
알겠습니다.

청혼

나와 결혼해주겠습니까?
지금은 비록 꽃 한 송이지만
10년 후면 자동차 열쇠를,
20년 후면 아파트 열쇠를,
30년 후면 크루즈 여행 티켓을.
우리 백발 빛날 40년이 되는 날은
다시 처음처럼,
눈밭에서 내 마음 담은
꽃 한 송이 바치겠습니다.

花木土

땅에서 나무가 자라고
그 나무에서 꽃이 피는 건
나를 소중히 여겨주는 당신 덕분입니다.
바로 당신의 사랑이
그렇게 하였습니다.

연리지

나무 사이가 조금 멀면
우리 사랑이 대신하면 됩니다.
그러면 그게 바로 연리지 인연.

김천의 귀농 부부의 사랑 이야기.
주문 그림이었고 실제 꽃나무에 평상을 걸쳐놓은 사진도 보내왔다.
달리 연리지인가? 사람도 같이 먹고 살고 웃으면 연리지 인연.
남자가 전시장에서,
귀농해서 고생 많고 고맙고 사랑한다고 편지를 낭독한 후, 이 그림을 선물했다.
그림을 안고 그의 아내는 펑펑 울고…… 주변 사람들도 따라 울먹.
화가가 되길 잘했더라.

꽃 피워놓고 기다리다

女

우리가 처음 만난 그 자작나무 숲 기억하나요?
7년이 지났습니다.
그대 오기로 한 오늘, 먼저 꽃부터 피워놓았습니다.
우리 딸도 많이 컸습니다.
그대, 어서 오세요.

男

그 자작나무 숲을 한시도 잊은 적 없습니다.

그 7년, 나에겐 70년처럼 길었습니다.

그대가 바로 꽃입니다.

아!

지금 달려가고 있습니다.

감사합니다

알고 지내는 모 회사 한○○ 감사가 사진 몇 장을 들고 와서,
늦은 나이지만 좋아하는 사람이 생겼는데
그녀에게 초상화를 하나 선물하고 싶단다.
고운 인물은 평소 내 그림과 달라 곤란하다는 말은
뒤로하고, 꼭 부탁한다며 사진을 두고 가버렸다.
거 참……
바탕에 벽지의 꽃과 나비를 얹었다.
그리고 '감사합니다'란 제목으로 응원했다.
비교적 오래 그린 이 그림.
그 남자의 정성에 감동받아서일까
둘은 지금 주변의 축복을 받으며
아주 행복하게 잘 지내고 있다.

일상다반사 3

그대…… 참 설레는 말입니다.
나의 그대가 혹, 궁금하십니까?
나의 그대는 그림 속에서 잘 지내고 있습니다.
그대가 아니라 그대들이 맞겠습니다만.
나의 그대들은 내 곁에 오래, 혹은 잠깐 머물다가…… 가곤 했지요.
그렇더라도 나는 서운하지 않습니다.
그림 속에 이미 다 담아두어,
보고 싶으면 언제라도 꺼내 볼 수 있으니 말입니다.
다만, 즐거웠던 기억은 '코랄레드'로, 쓸쓸한 것은 '블루그레이'로 남아 있긴
하겠지요.

오늘처럼 지루하게 비가 내리는 날,
길든 짧든 '그대'라는 제목이 들어간 수많은 그림들, 앨범 같은 그림들을
A4 용지에 작게 모아 보았습니다. 무려 아홉 장이 넘습니다.
한 장에 스물의 그대가 들어가니 180이 족히 넘는 그대들이군요.

나무, 별, 구름, 들, 바다, 피아노, 눈길, 꽃, 하늘, 커튼, 배, 의자, 달, 바람…… 그리고 여인.
다 나의 그대들입니다.
한 그대를 붙잡고 말을 붙여봅니다.
주저하다 터진 말문은 하루가 부족할 만큼 깁니다.
그렇게 이어진 대화는 반년 동안 계속 될 것 같습니다. 한 그대와 하루씩.
그러는 동안 나는 그대를 그릴 때처럼 그대 속에 또 푹 파묻히겠지요.
그대, 그대, 그대…… 나의 그대들에게 말입니다.
이제 나의 그대를 아시겠지요.

그대, 그대의 그대는 누구입니까?
그대의 그대는 잘 계신가요?

아름답습니다.
아침의 자명종 소리가.
따뜻한 아침밥이.
부딪히는 거리의 사람들이.
저녁 즈음의 술자리가.
반겨주는 가족이.
책상 앞의 스탠드 불빛이.
포근한 이불이.
그리고 자명종 소리……
살아 있다는 걸 알게 하는
모든 것들이 다 아름답습니다.

4장
아름다운 날들

소원 의자

당신의 소원을 말해보세요.
여기저기 말해서 그저 닳아
평범해진 그런 소원은…… 말고,
너무도 소중해 입 밖에 내는 순간
깨어질지도 모르는 그런 소원.

오늘 아무도 없는 보름달 아래,
당신만을 위한 포근한 의자 하나
내어놓을 테니,
심호흡 한번 하고
그 소원을 말해보세요.
이.루.어.집.니.다.

우리, 꽃길

우리?
당연히 꽃길입니다.
다들 눈밭을 걸었거나 걷게 되더라도
우리는 걱정 없습니다.
가는 내내 즐거운 꽃향기 맡으며 가게 될 겁니다.
우리, 꽃길입니다.

이야기꽃
피다

그동안 대화가 좀 부족했지요?
한때 우리는 봄 같은 부드러움으로,
여름 같은 열정으로,
그리고 가을처럼 시적으로,
때론 겨울처럼 모질게라도
많은 대화를 했지요.
지레짐작하는 눈빛도 좋지만
오늘,
굳이 정하자면 여름 같은 열정으로
하루 종일 이야기꽃 한번 피워봅시다.

우리는 늘 봄

계절이야 순서대로 돌아오지만
사람 사는 방식이 어디 그렇습니까?
다른 사람은 어떻게 사는지,
사실 조금만 관심이 있을 뿐입니다.
어떻게든 살아가고들 있겠지요.
하지만 우리는 늘 봄입니다.
봄이 부러울 때면 이리로 건너오세요.

뱃놀이 갑시다

됐고,
뱃놀이 갑시다.
딱 붙어 고민한다고 해결될 거라면
어제 다 해결되었겠지.
자, 타소.
콧노래 흥얼거리며 놀다 오면
그 고민거리,
별일 아닐 수도 있어요.

일어나세요

나팔꽃 그녀가 속삭입니다.
"어제 수고 많았습니다.
잘들 잤나요? 이제 일어나세요.
그리고 오늘도 어제처럼
즐겁게 하루를 열어봅시다."
모두 대답합니다.
"네―!"

아름다운 날들

오늘같이 맑은 날 가만히 앉아 있을 수는 없지.
부러 담담한 말투로 한번 보고 싶다며 전화를 했다.
애써 건조하게 말하느라 힘들구먼……

장소는 걸어서 30분 거리의, 늘 만나던 거기서.
한 시간 전에 출발하여 미리 가 기다렸다.
기다리는 즐거움? 보통 넘거든.

저기 발걸음 가볍게 다가오는 그녀,
구름 떼어 하트 하나 툭 날렸더니 씩 웃고 만다.
그녀는 이미 넓은 들판 한가득 꽃을 심어놓았단다.

내 마음의 보석상자

사랑이 찾아오면…… 숨죽여 기다려라.
뛰어나가지 마라.
사랑은 호기심도 넘치지만 겁 또한 많아서
놀라게 하면 달아나버린다.
찾아오면,
쪽문을 열어주고 기다리고
한 걸음 더 다가오면 현관문을,
또 한 걸음 다가오면 방문을 열어주고……
진정 그대에게 기대면 그때,
다락방에 숨겨둔 보석상자
그 바다 같은 이야기 상자를 열어라.
소중한 사랑일수록 겁이 많다.

사랑이 찾아왔다고
서둘러 뛰어나가지 마라.

詩人의 마을에
봄이 오는 소리

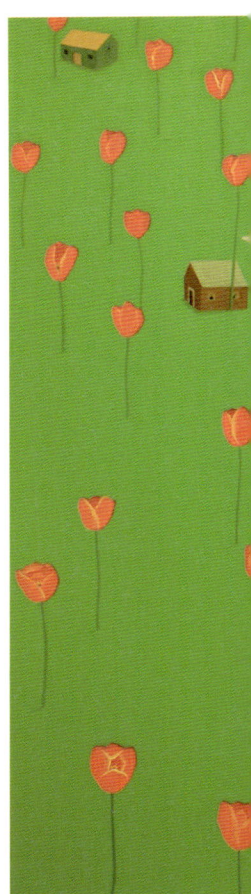

시인의 마을에 봄이 오는 소리를 아십니까?
잔디 새싹 올라오는 소리,
꽃 피는 소리,
나비의 날갯짓 소리……
아닙니다.
그녀가 오는 소리입니다.
그녀의 치마가 봄바람에 스치는 소리입니다.
시인의 마을에 봄은 그렇게 옵니다.

그대 오시는 날

그대, 어서 오세요.
우리 이 정도만으로도 충분합니다.
그대의 헌신적인 사랑으로
장만한 집에서 아이들과
걱정 없이 겨울을 날 수도 있습니다.
수고했어요.
긴 겨울 그대 없이 지내는 것……
이제 그만.
오세요.
적게 먹어도 많이 웃으며 살고 싶어요.
오시는 날만 알려주시면
언제든 집 앞뜰에
우리 사랑 절절한 꽃을 피워놓고
두 팔 벌려 반기겠습니다.
그대, 어서 오세요.

하늘에서
꽃이 피다

하늘에서 꽃이 피어난다.
두 사람의 사랑…… 응원하는 꽃.

꽃 피는 봄부터 시작된 사랑은,
눈이 무릎까지 쌓인 이 겨울까지
하루도 끊이지 않고 이어지고 있다.

겨울 한복판을 지나는 동안
왜 봄 생각이 나지 않았겠나?
하지만 이 인연,
질긴 이 인연은 달라야지.

안타까운 하늘이 도와줄 방법은
초승달, 반달에게는 미안하지만,
매일 보름달 띄워주고
처음 만난 봄날 잊지 않게,

꽃 피워주는 것.

보물선

비록 종이배이나
그대가 타고 있어서
내겐……
너무도 소중한
보물선이다.

봄으로의
초대

추운 겨울을 사느라 수고한 그대.
이제 나의 봄으로 오세요.
그대 오시는 길 편하게
붉은 융단 깔아놓고
꽃으로도 반깁니다.
오늘따라 달도 밝지요?

피워올리다

어느 정도 거리를 두고서도
꽃 같은 이야기를 피워올립니다.
오래된 사랑은 충분히 그렇습니다.
이마를 바짝 붙이고 지내든
10리를 떨어져 있든
그 마음, 같습니다.
묵은 사랑은 안달하지도
소원하지도 않습니다.
그렇지만 늘 함께합니다.
걱정하지 마세요들.

꿈 익는 마을

드리워진 커튼 너머로
작은 마을이 내려다보인다.
483번지.
저 작은 마을에서 내 꿈이 익어왔다.
화가가 되어야지……
그리고 화가가 되었다.
이제 그 마을을 내려다볼 만큼
내가 커졌다.
전화벨 소리에 문득 정신을 차리니
눈앞의 작은 마을이 보이지 않는다.
내 마음속에서 한시도 떠나지 않는 꿈 익는 마을.

12月에 5月을 바치다

12월의 추운 겨울에도
이리저리 손 내밀지 않고,
자작나무 꼿꼿이 키우며
버텨준 그대에게……
그저 말의 성찬에 불과한
3, 4월은 건너뛰고,
계절의 여왕인 5월을
바치렵니다.
그 정표로 5월의 장미를
한 아름 안겨드리겠습니다.

승진

오늘은 월급날입니다.
아 참, 승진도 했지요.
몇 년 만의 승진입니까?
더 두둑해진 월급봉투……
잡아보니 뿌듯합니다.
큰딸 줄 새 운동화와
작은딸 줄 48색 크레파스 사들고
기분 좋게 집으로 옵니다.
아내 것요?
하하하.
월급봉투째 다 줄 겁니다.

나들이

바람 좋고 햇살 좋은 날
나들이합니다.
나머지는 다녀와서 생각할 것입니다.
지금은 내가,
세상의 주인공입니다.

합격통지서

드디어 합격했습니다.
합격통지서 들고 맨 먼저 그녀에게 달려갑니다.
그간의 일들이 주마등처럼 지나갑니다.
그녀는 늘 이야기합니다.
열심히 사는 당신이 자랑스럽다고,
당신을 믿으니 아무 걱정 말라고……
그녀의 말 하나하나가 꽃이고 비타민입니다.
백 번을 생각해도
모두 당신 덕입니다.
나는 당신이 만든 사람입니다.
고맙습니다.

인생은
아름다워

인생은 아름답습니다.
금나무에 만발한 수많은 꽃이,
우연이 아니라는 거 다 압니다.
꽃잎 하나하나 피워올리느라
그동안 수고 많았습니다.
대신 나는 아무리 높아도 걱정 없을
구름 방석 하나 튼튼하게
만들어놓았습니다.
이제 꽃향기에 취하듯
우리, 노래 한번 불러봅시다.
　　　　　인생은 참 아름답습니다.

일상다반사 4

나는 일중독자일 확률이 높다.

소위 지방 미대 출신으로 마흔 중반에 고향을 떠나, 오늘날 서울에서 이 정도라도 자리 잡고 사는 건…… 일에 대한 열정, 나아가 일중독 덕일 수도 있다고 생각한다.

하지만 젊을 때야 모든 게 다 아름답지…… 관조해야 할 나이에 지나치게 극성스러우면 이야기는 달라지겠지? 달라지겠지.

어제까지 열심히 달렸으니 이제 한숨 쉬고 잠시 뒤돌아보아도 될 일 아닌가 싶다.

뒤를 돌아본다기보다 주변을 둘러본다는 말이 더 맞겠지만 말이다.

화가에게 안식년이란 말이 어울리겠느냐마는 내가 달리도록 응원해준 사람들에게, 이제는 내가 시간을 내어 찾아가서 술이나 차를 마시며 늘 감사하고 있다는 표시를 좀 해야겠다.

내가 비장하게 서울 올 때, 밥 꼭 잘 챙겨 먹으라고 당부하며 손 흔들어주던 고향 친구, 매년 전시 때마다 찾아와 감동적인 멘트와 기억에 남을 이벤트로 응원해주던 부부, 십수 년의 내 흔적을 꼼꼼히 기억하며 나아지는 나를 자기 일인 듯 좋다고 하시는 분, 온 매장을 내 그림으로 도배하듯 계절마다 바꿔 걸어가며 자신감을 불어넣어준 분, 너무 추종(?)하여 내 미술관을 꼭 짓고 싶다는 열혈 팬이다 못해 신도 급인 분, 많은 사람들이 모이면 늘 초대하여 내가 마치 대가인 듯 분위기 띄워주시는 분, 겨울이면 고향의 특산물을 공수하여 겨울밤을 뜨겁게 달구어주는 큰 형님 같은 분, 새집에 벽이란 벽은 다 비워놓고 내 그림을 기다려준 친구 부부, 비 오는 날, 술이 나를 부르면 흔쾌히 한걸음에 강을 건너와 대작해주는 친구, 한 푼 두 푼 모아 내 그림을 사 걸어놓고 감격해하는 제주도 요리사 친구, 마치 일본의 홍보대사처럼 내 그림과 이야기를 현지에 전파해주는 교포 분, 그리고 친구, 친구, 친구, 분, 분, 분……

  올해부터는 시간이 허락하는 대로 일일이 찾아다니면서 고마워해야겠다.

  오늘의 나를 있게 해준 건 다 그들이다.

  이제 덜 달리고 이 아름다운 세상 천천히 걸으며 그들과 같이 호흡하고 싶다.

또 하나의 선물
산토리니

산토리니에 관한
작은 이야기

아, 산토리니!
한때 유행하던, '죽기 전에 가봐야 할 곳' 시리즈 중 내가 으뜸으로 생각한 바로 그 산토리니……

잘 아는 화가 다섯이 처음으로 산토리니 여행을 떠나게 되었다. 그저 잘 알기만 할 뿐, 해외여행을 같이 다닐 정도는 아닌지라 조금은 어색하고 불편한 조합이었지만, 산토리니를 흠모하여 이름마저 갤러리 산토리니인 갤러리 대표의 제안으로 그렇게 우리의 산토리니 사랑은 시작되었다.

고될 정도로 긴 비행 시간이었지만 머릿속은 온통 산토리니에 대한 환상뿐이었으므로 지루하기보다는 내내 설레었다. 어린 시절 소풍 가기 전날 밤 그랬던 것처럼.

아테네에 도착하고 세계문화유산 1호라는 파르테논 신전도 보고⋯⋯ 여기도 보고, 저기도 보고, 한참 뒤 그리스의 재정 문제로 인한 시위로 텔레비전에 자주 비치게 될 신타그마 광장도 구경하고⋯⋯ 하지만 유서 깊은 아테네마저 내겐 그저 지나치는 간이역 같았다. 마음속에는 오직 산토리니뿐이었으니.

이윽고 이틀 후 그리스의 수많은 섬 가운데 하나인 산토리니행 비행기에 올랐다. 경비행기 수준을 갓 넘은 작은 비행기였다. 짧은 활주로에 적합한 비행기란다.

해 질 녘에 도착하여 부랴부랴 짐을 풀어놓고는 말로만 듣던 그 하얗고 파란 마을로 향했다. 이미 밤이 되었지만 그 좁은 골목들은 나와 같은 수많은 관광객들로 넘쳐났다. '피라' 마을이었다. 산토리니의 두 명소, '피라'와 '이아' 중 하나인.

해방감과 기대감으로 먹고 마시고⋯⋯ 그렇게 그들과 어울렸다. 마치 1초 만에 그 밤은 끝난 것 같았다.

아침의 피라 마을은 알록달록 잘 다듬어진 동화 같은 마을의 전형을 고스란히 드러냈다.

당나귀 길, 멋진 카페, 해변 마을, 케이블카, 그리고 밤의 맥주 가게······.

꿈속을 그렇게 보내다 최종 목적지인 '이아' 마을로 향했다. 바로 여기다! 우리가 흔히 산토리니라고 알고 있는 곳이 바로 여기, 이아 마을.

이온 음료 광고로 널리 알려진 바로 그 환상의 산토리니!

밤에 처음 가본 피라 마을과는 달리 뜨거운 낮에 도착한 이아 마을은 숨 막힐 듯 하얗고 눈부셨다. 내가 아는 산토리니는 바로 여기였다.

마치 유명한 영화 속의 행인 1, 2와 같은 기분으로, 나는 꿈인지 생시인지 구분이 안 갈 만큼 들떠 숨 가쁜 걸음으로 구름 위를 걷고 또 걸었다.

아무리 걸어도 피곤하지 않았다. 구석구석 어느 하나 그림이 아닌 곳이 없었다. 말이란 게 얼마나 조악한지…… 이루 다 표현 못할 그 산토리니를 모종삽으로 살짝 떠오듯, 아름다운 풍경과 그 안에 녹아 있을 법한 한 편의 시와 같은 사랑 이야기를 지금 여기 그림으로 남긴다.

정오

산토리니의 정오는 뜨겁고…… 모두 잠이 든다.
하지만 뜨거운 정열의 선인장,
그리고 그 꽃을 닮은 그녀는
설레어 잠들지 못하고 있다.
오늘은 그대가 오기로 한 날.

오늘도

오늘도 어김없이 카라가 놓여 있다.
그녀는 카라를 좋아한다.
그걸 아는 사람은 먼저 가신 어머니와
가슴 아팠던…… 첫사랑뿐이다.
일주일째 문앞에 놓인 카라.
첫사랑일까?
그녀는 떨리는 마음으로 커튼을
살짝 젖혀본다.

연서

꿈같았던 지난여름.
다시 그 여름이 왔습니다.
곧 가겠노라는 편지를 받고
오늘도 기다립니다.

      그녀의 마음만큼이나 뜨거운
      지금은,
      산토리니 오후 2시.

첫사랑

그 소년은,
그녀의 집을 지날 때마다
가슴이 뛴다.
모두들 잠시 잠든 산토리니의 시에스타.
살며시 그녀의 집 담에 붙어
까치발로 창문 틈을 살핀다.
심장박동 소리가 너무 컸나?
인기척에 그녀가 창가로 다가오자
후다닥 달아나는,
첫사랑에 달뜬 소년.
그녀는 소년의 뒷모습에 살며시 미소를 띤다.
첫사랑을 거치지 않은 사랑이
어디 있으랴……

TU SOLO TU
(당신, 오직 당신만을……)

'나는 오직 당신만을 사랑합니다'
하얀 벽에 기대 선 저 여인,
말 안 해도 알겠습니다.
　　　　'태양이 식을지언정
　　　　당신을 향한 나의
　　　　붉은 마음은 영원합니다'
라고 하는 그 마음.

에필로그
두 번째 그림편지를 마무리하며

『토닥토닥 그림편지』를 낸 후 주변의 반응은 대체로 두 가지 정도더라. 축하와 염려.

글이 읽기 쉽게 쓰여졌다거나, 섬세한 감정을 담아내서 그렇다거나 하여 책이 사랑받는다는 걸 축하하는 쪽과, 화가가 자칫 글 쓰는 재미에 빠지면 본업인 그림에 덜 충실하게 될 수도 있다고 염려하는 쪽으로.

처음 책 제안을 받았을 때, 나도 걱정을 좀 했다. 단지 그림을 설명하는 짧은 글이라면야 편하게 쓰지만 책으로 엮을 만큼은 아니었기 때문이다.

그러나 3년이 지난 지금은 우려했던 그 책이 그림에 많은 도움이 되고 있다. 그림 한 점에 사연 하나 정도는 담아줘야 만족을 하게 되었으니 말이다.

일단 그림을 그리는 데 이전과는 비교도 안 될 만큼 더 많은 시간을 할애하는 좋은 습관이 생겼다. 그리고 그림을 그려놓고 점검하듯 혼자 이야기를 풀어보는 일은 그림을 완성한 후의 당연한 일상이 되고 있다. 박수.

나는 하루에 책을 한 권씩 읽는 독서광이다? 당연히 말도 안 되는 농담이다.

『토닥토닥 그림편지』라는 이름으로 내 책이 나왔다는 사실이 너무도 신기하고, 내 일기를 다시 읽어보는 듯도 하여 그 책을 매일 한 번씩은 꼭 읽어본다는 말이다.

고백하자면, 처음 쓴 책이라 대견도 하였지만 내심 아쉬운 것도 많더라.

이 단어 대신 저 단어 쓸걸, 이 그림은 좀 더 짧게 글을 쓸걸…… 등등.

두 번째 책은 5년 뒤에 한 번 더 내든 말든 하겠다는 약속을 스스로 어기고, 3년 만에 출간을 결심하게 된 것은 그런 아쉬움도 아쉬움이지만, 첫 책에서 못 다한 이야기를 조금이라도 풀어놓고 싶은 마음 때문이다.

살아가고 그 이야기를 그림으로 그리고, 그 그림을 다시 글로 풀어 읽어주는 일, 이 즐겁고 재미난 일…… 여러분과 또 나누고 싶은 욕심 말이다.

이 두 번째 책이 세상에 나오면 어떤 일들이 나를 기다리고 있을까?

그리고 내 그림은 또 어떻게 변해갈까?

이래저래 여름밤은 덥고 짧은데 생각에 생각이 꼬리를 물어 잠이 오지 않는다.

그림 다시보기

1장
쉼표 하나

「구름 위에서
조금만 더 기다리세요」,
캔버스에 아크릴릭,
53×72.7cm, 2012
p.13

「구름 위에서 한 잔」,
캔버스에 아크릴릭,
22×27.3cm, 2012
p.14

「거울아 거울아 이 세상에서
누가 제일 행복하니?」,
캔버스에 아크릴릭,
40.9×31.8cm, 2013
p.17

「나는 꽃이랍니다」,
캔버스에 아크릴릭,
25.8×17.9cm, 2008
p.19

「이 춘풍」,
캔버스에 아크릴릭,
27.3×22cm, 2013
p.20

「휘영청 달 밝은 밤에
그대 오시니」,
캔버스에 아크릴릭,
40.9×31.8cm, 2008
p.23

「흩날리다」,
캔버스에 아크릴릭,
27.3×22cm, 2006
p.25

「편지」,
캔버스에 아크릴릭,
65.1×90.9cm, 2011
p.26~27

「선물」,
캔버스에 아크릴릭,
27.3×22cm, 2012
p.28

「햇살 좋은 날,
나는 당신의 의자입니다」,
캔버스에 아크릴릭,
33.4×24.2cm, 2013
p.30

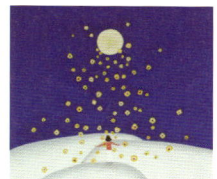

「月花水」,
캔버스에 아크릴릭,
27.3×22cm, 2013
p.32

「가을연가」,
종이에 콩테,
44×32cm, 2010
p.35

「아름다운 날들」,
캔버스에 아크릴릭,
65.1×90.9cm, 2013
p.36~37

「낭만 李씨」,
캔버스에 아크릴릭,
33.4×45.5cm, 2010
p.41

「우리는 꽃 위에서 춤춘다」,
캔버스에 아크릴릭,
40.9×53cm, 2012
p.42~43

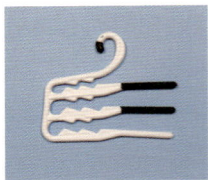
「너도 쉬고 나도 쉬고」,
오브제,
17.9×25.8cm, 2012
p.45

「마중」,
캔버스에 아크릴릭,
41×53cm, 2009
p.46~47

「우리 집」,
캔버스에 아크릴릭,
53×72.7cm, 2011
p.50

「바다」,
종이에 콩테,
44×32cm, 2010
p.52

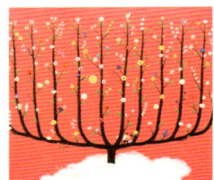
「年中喜樂」,
캔버스에 아크릴릭,
65.1×90.9cm, 2011
p.54~55

2장
인생의 회전목마

「女行」,
캔버스에 아크릴릭,
40.9×31.8cm, 2012
p.63

「男子」,
캔버스에 아크릴릭,
40.9×53cm, 2011
p.65

「바람이 분다」,
종이에 콩테,
60×45cm, 2010
p.66

「그 꽃」,
캔버스에 아크릴릭,
27.3×22cm, 2012
p.69

「어서 오세요」,
캔버스에 아크릴릭,
18×14cm, 2011
p.70

「깐깐 최 교수」,
종이에 콩테,
54×37.5cm, 1993
p.72

「인생선유」,
캔버스에 아크릴릭,
33.4×45.5cm, 2012
p.74~75

「제조업은 꽃피운다」,
캔버스에 아크릴릭,
40.9×53cm, 2005
p.76

「내가 간다」,
캔버스에 아크릴릭,
40.9×53cm, 2007
p.81

「어제 과음한 李 과장」,
종이에 아크릴릭,
지름 20cm, 1997
p.82

「달과 6빤스」,
캔버스에 아크릴릭,
27.3×22cm, 2011
p.84

「힘센 후 웃자」,
캔버스에 아크릴릭,
18×14cm, 2009
p.87

「편지」,
캔버스에 아크릴릭,
37.9×45.5cm, 2011
p.88

「겨울 일기」,
캔버스에 아크릴릭,
65.1×50cm, 1990
p.91

「내 이름 석 자」,
캔버스에 아크릴릭,
22×27.3cm, 2012
p.92

「섬은 없다」,
캔버스에 아크릴릭,
40.9×53cm, 2006
p.94~95

「초대」,
캔버스에 아크릴릭,
40.9×31.8cm, 2011
p.97

「겨울여행」,
캔버스에 아크릴릭,
31.8×40.9cm, 2013
p.100

「이야기가 길다」,
캔버스에 아크릴릭,
22×27.3cm, 2012
p.103

「가을이 깊다」,
종이에 콩테,
32×44cm, 2010
p.104

3장
그대라는
이름의 선물

「먼저, 이 꽃부터 받으세요」,
캔버스에 아크릴릭,
27.3×22cm, 2012
p.110

「소야곡」,
캔버스에 아크릴릭,
40.9×31.8cm, 2013
p.112

「그녀가 온다」,
캔버스에 아크릴릭,
27.3×22cm, 2008
p.115

「눈부신 날」,
캔버스에 아크릴릭,
33.3×24.2cm, 2006
p.117

「그리움」,
캔버스에 아크릴릭,
33.3×45.5cm, 2008
p.118~19

「그대, 어서 오세요」,
캔버스에 아크릴릭,
40.9×53cm, 2012
p.121

「室內에서 이는 바람」,
캔버스에 아크릴릭,
53×45.5cm, 1992
p.123

「내 사랑을 전해다오」,
캔버스에 아크릴릭,
31.8×40.9cm, 2012
p.124

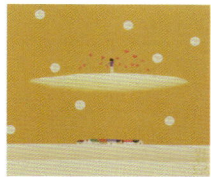

「달을 더 빌려오다」,
캔버스에 아크릴릭,
40.9×53cm, 2012
p.127

「하늘 아래 우리 둘이」,
캔버스에 아크릴릭,
53×72.7cm, 2012
p.128

「……사랑」,
캔버스에 아크릴릭,
97×162.2cm, 2007
p.132~33

「사랑이 만드는
천 가지 이야기」,
캔버스에 아크릴릭,
116.8×80.3cm, 2012
p.134

「높은 사랑」,
캔버스에 아크릴릭,
지름 20.4cm, 2012
p.137

「내 사랑」,
캔버스에 아크릴릭,
25.8×17.9cm, 2012
p.138

「높은 곳에서 꽃 피우다」,
캔버스에 아크릴릭,
40.9×53cm, 2012
p.140~41

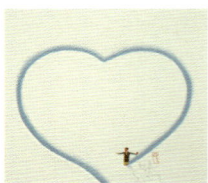

「청혼」,
캔버스에 아크릴릭,
31.8×40.9cm, 2011
p.143

「花木土」,
캔버스에 아크릴릭,
27.3×22cm, 2011
p.144

「연리지」,
캔버스에 아크릴릭,
27.3×22cm, 2012
p.146

「꽃 피워놓고 기다리다」,
캔버스에 아크릴릭,
112.1×162.2cm, 2011
p.148~49

「감사합니다」,
캔버스에 아크릴릭,
33.4×24.2cm, 2011
p.153

4장
아름다운 날들

「소원 의자」,
캔버스에 아크릴릭,
27.3×22cm, 2012
p.159

「우리, 꽃길」,
캔버스에 아크릴릭,
40.9×53cm, 2012
p.160

「이야기꽃 피다」,
캔버스에 아크릴릭,
97×145.5cm, 2009
p.162~63

「우리는 늘 봄」,
캔버스에 아크릴릭,
65.1×90.9cm, 2012
p.166

「뱃놀이 갑시다」,
캔버스에 아크릴릭,
40.9×31.8cm, 2012
p.169

「일어나세요」,
캔버스에 아크릴릭,
27.3×22cm, 2012
p.170

「아름다운 날들」,
캔버스에 아크릴릭,
45.5×60.6cm, 2012
p.172~73

「내 마음의 보석상자」,
종이에 콩테,
50.2×65cm, 2010
p.176

「詩人의 마을에
봄이 오는 소리」,
캔버스에 아크릴릭,
89.4×130.3cm, 2009
p.178~79

「어서 오세요」,
캔버스에 아크릴릭,
116.8×91cm, 2011
p.180

「하늘에서 꽃이 피다」,
캔버스에 아크릴릭,
31.8×41cm, 2008
p.183

「보물선」,
캔버스에 아크릴릭,
33.4×45.5cm, 2011
p.184~85

「봄으로의 초대」,
캔버스에 아크릴릭,
31.8×40.9cm, 2012
p.186~87

「피워올리다」,
캔버스에 아크릴릭,
27.3×22cm, 2012
p.188

「꿈 익는 마을」,
종이에 콩테,
44×32cm, 2010
p.190

「12月에 5月을 바치다」,
캔버스에 아크릴릭,
112.1×162.3cm, 2009
p.192~93

「승진」,
캔버스에 아크릴릭, 부조,
17.9×25.8cm, 2007
p.196

「나들이」,
캔버스에 아크릴릭,
33.4×24.2cm, 2011
p.198

「합격통지서」,
캔버스에 아크릴릭,
80.3×116.8cm, 2012
p.200~01

「인생은 아름다워」,
캔버스에 아크릴릭,
162.2×112.1cm, 2012
p.203

부록
산토리니
이야기

「정오」,
캔버스에 아크릴릭,
53×72.7cm, 2012
p.212~13

「오늘도」,
캔버스에 아크릴릭,
72.7×53cm, 2012
p.214

「연서」,
캔버스에 아크릴릭,
45.5×33.4cm, 2011
p.217

「첫사랑」,
캔버스에 아크릴릭,
80.3×116.8cm, 2012
p.218~19

「TU SOLO TU」,
캔버스에 아크릴릭,
27.3×22cm, 2012
p.223

지은이 이수동

절제된 이미지와 매혹적인 제목, 감성적이고 따뜻한 느낌의 화풍으로 널리 사랑받는 화가. "그림은 나를 위해 그리는 것이 아니라 보는 사람을 위해 그리는 것"이라는 일념으로 그려낸 그의 그림들은 그동안 지친 사람들의 마음을 어루만지는 따스한 위로가 되어주었다. KBS 드라마 「가을동화」의 주인공 윤준서(송승헌 분)가 그린 그림의 실제 화가로 알려지면서 유명세를 얻었으며 이후 「겨울연가」 「여름향기」 「봄의 왈츠」 시리즈의 타이틀 글씨를 썼다. 그림을 통해서 보다 많은 이들이 즐겁고 행복하길 바라는 마음을 담아 펴낸 그의 첫 책 『토닥토닥 그림편지』는 우리 시대 최고의 '어른들을 위한 그림 동화'로 꼽히며 많은 사랑을 받았다. 그동안 총 23회의 개인전을 열었으며 190회 이상의 그룹전에 참여했다. 멜버른 아트페어와 시드니 아트페어에 그림을 출품했으며 한국국제아트페어(KIAF)에 꾸준히 참여하고 있다. 그의 그림은 드라마, 달력, 영화 포스터, 도서, 기업광고 대표 이미지 등에 자주 쓰일 만큼 대중적인 인기를 얻고 있으며 최근에는 다양한 매체와의 콜라보레이션 작품도 선보이고 있다.

오늘, 수고했어요

붓으로 전하는 행복, 이수동의 따뜻한 그림 에세이
ⓒ 이수동 2013

1판 1쇄	2013년 9월 23일
1판 16쇄	2024년 11월 6일

지은이	이수동
펴낸이	김소영
책임편집	박주희
편집	손희경
디자인	goodfeel
마케팅	정민호 박치우 한민아 이민경 박진희 황승현
제작처	한영문화사(인쇄) 경일제책사(제본)

펴낸곳	(주)아트북스
출판등록	2001년 5월 18일 제406-2003-057호
주소	10881 경기도 파주시 회동길 210
대표전화	031-955-8888
문의전화	031-955-7977(편집부) 031-955-2689(마케팅)
팩스	031-955-8855
전자우편	artbooks21@naver.com
트위터	@artbooks21
인스타그램	@artbooks.pub

ISBN 978-89-6196-147-9 03810

이 책의 판권은 지은이와 (주)아트북스에 있습니다.
이 책의 내용을 이용하려면 반드시 양측의 서면 동의를 받아야 합니다.